AF497924

Recueil d'opéras comiques — dont certains sont rares.
Il comprend :

1° Le prix de Cythère, Paris, Prault, 1742 Par Pauline
d'Argenson. Il donne la musique notée.

2° L'Heureux accord, complément. Paris, Duchesne
1754.

3° Les fêtes de l'Hymen ou la Roze. Bruxelles, 1744. Par
Piron.

4° Les bateliers de Saint-Cloud. Bruxelles, 1744. Par
Favart.

5° Le Pommier, par Vadé. Paris, Duchesne, 1752.

6° Le plaisir et l'innocence par M. Parmentier. Paris,
Duchesne, 1753.

7° Le Calendrier des vieillards, Paris, Duchesne, 1753.
Par Houdart-Lamotte

Plusieurs de ces pièces ont la musique notée et
quelques unes ont été reliées avec leur f. de catalogue
si précieux au point de vue bibliographique et si
difficiles à rencontrer.

Paul Lacroix

LE PRIX DE CYTHERE,

OPERA COMIQUE.

Avec les Airs notés.

Représenté pour la premiere fois sur le Théâtre
du Fauxbourg Saint Germain,
le 12 Février 1742.

Le prix est de vingt-quatre sols.

A PARIS;

Chez Prault fils, Quay de Conty, à la descente du
Pont-Neuf, à la Charité.

M. DCC. XLII.

AVEC APPROBATION ET PERMISSION.

PROLOGUE.

Récité par Mademoiselle DARIMATH.

MESSIEURS, vous attendez, dans la Piece nouvelle,
    Le ſtyle vif, léger, charmant,
    D'une riante Bagatelle.
    L'y trouverez-vous? Nullement ;
    Nous avons tâché ſeulement
    De plaire par le ſentiment.
Ah, par le ſentiment! On nous la donne belle ;
    C'eſt bien ici ſon élément!
    Dit un Cauſtique en ce moment :
    Ces gens ont perdu la cervelle,
    Je vais ſiffler aſſûrément.
    Eh! Monſieur, un peu d'indulgence,
    Ou que, du moins, votre ſilence
    Laiſſe écouter tranquillement.
    Faut-il d'abord qu'on épilogue ?
Par tout, le Sentiment fut toujours de ſaiſon :
Eh! pourquoi le banir de notre Dialogue ?

A

Souffrez à ce sujet une comparaison.

Les Orangers dans les champs d'Hefperie,
Hauts, toufus, croiſſent par forêts;
Sur leur cîme toujours fleurie,
Les Pommes d'or font briller leurs attraits;
Et les rameaux font courbés fous le faix.
Les Nymphes quittent la prairie,
Pour folâtrer fous leur ombrage épais,
Et refpirer à longs traits
Les doux parfums & le frais.
Ces Arbres cultivés en France,
Ont, il eſt vrai, beaucoup dégénéré;
Mais malgré cette différence,
Un Parterre, fans eux, n'eſt jamais bien paré.
On les voit furpaſſer encore,
Quoi qu'ici délicats & nains,
Tous les autres préfens de Pomone & de Flore,
Qui font l'honneur de nos Jardins.

Les fentimens, Meſſieurs, font de pareille efpece,
Ils ont toujours droit de charmer :
Tranfplantons-les, ils fe font eſtimer,
Et confervent leur nobleſſe.

Peut-être est-ce une erreur ; daignez nous animer

Dans l'épreuve qu'on en va faire.

Notre deffein est téméraire ;

On n'atteint pas d'abord le Vrai :

Mais lorfque l'on tente un effai,

L'unique but, Messieurs, est de vous plaire :

Ce point feul mérite falaire.

Fin du Prologue.

ACTEURS.

L'AMOUR.
HEBE'.
UN ASIATIQUE.
UNE GEORGIENNE.
UN ESPAGNOL.
UN FRANÇOIS.
UNE FRANÇOISE.
UN HOLLANDOIS.
UNE HOLLANDOISE.
UN SAUVAGE.
UNE SAUVAGESSE.
HABITANS de Cythere.

La Scene est dans l'Isle de Cythere.

LE PRIX
DE CYTHERE,

OPERA COMIQUE.

SCENE PREMIERE.

L'AMOUR, HEBE'.

L'AMOUR.

MERCURE a-t-il exécuté mes ordres, Charmante Hebé ? A-t-on annoncé le prix que je propose aux Amans de tout Sexe & de toutes Nations ?

HEBE'.

Oui, puissant Amour.

AIR. *A l'ombre de ce vert boccage.*

On sçait déja dans tout Cythere,
Que pour l'Amant le plus épris,

A iij

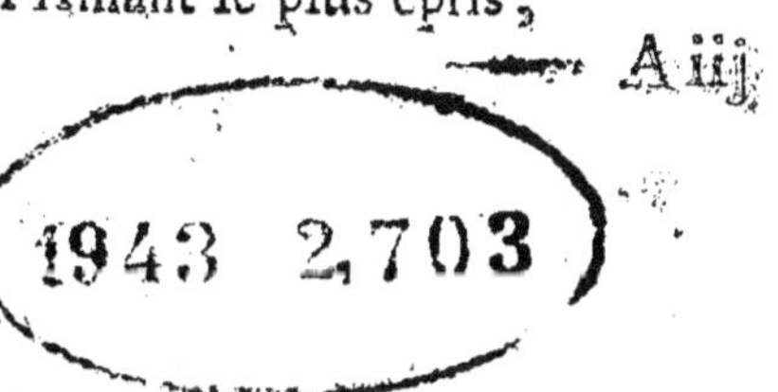

Vénus, votre divine mere,
Réferve trois baifers pour Prix
Et que la plus parfaite Amante,
Dont vous approuvez les ardeurs,
Obtiendra la faveur charmante,
De triompher de tous les cœurs.

L'AMOUR.

C'eft vous, aimable Nymphe, que je charge
du foin d'examiner ceux qui fe croiront dignes du
Prix.

AIR. De néceffité néceffitante.

Pour juger ce point qui m'intéreffe,
Je veux, Hebé, qu'à vous on s'adreffe,
Qui peut mieux fe connoître en tendreffe,
Que la Déeffe de la Jeuneffe ?

Je vous quitte afin de laiffer le champ libre aux
prétendans.

✠✠✠✠✠✠✠✠✠✠✠✠✠✠✠✠✠✠✠✠✠✠✠✠

SCENE II.

HEBE', UN HOLLANDOIS, UNE HOLLANDOISE.

HEBE'.

ACquittons nous de l'emploi que l'Amour me
donne, mon Sexe eft Juge compétent fur
ces matieres. Il me vient déja de la pratique.

LE HOLLANDOIS.

Bonjour, Mamfelle, enfeigne moi Monfié
l'Amour.

HEBE'.

Que lui voulez-vous ?

LA HOLLANDOISE.

Nous venir tous deux ensemblement pour avoir
la Prix de Cythere.

HEBE'.

C'eſt à moi qu'il faut s'adreſſer. Qui êtes-vous ?

LE HOLLANDOIS.

Je vous dire Mamſelle, que moi lietre Hollandois, Mamſelle, & mon femme que vla lietre
Hollandoiſe auſſi pareillement, Mamſelle.

HEBE'.

Deux Epoux Hollandois prétendre au Prix de
Cythere! Entre nous, vous ne me paroiſſez guéres
ſuſceptibles de ſentimens amoureux.

AIR. *Tant de valeur & tant de charmes.*

L'Amour eſt un enfant aimable,
Enjoüé, folâtre, & badin;

LA HOLLANDOISE.

Il n'etre ici qu'un franc mutin,
Chez nous lietre plus riſonable.

HEBE'.

Faites-moi donc connoître votre façon d'aimer?

LE HOLLANDOIS.

Nous faire conſiſter le véritable amour dans la
mariage.

HEBE'.

Je ſuis de votre avis, ſi vous conſervez dans
les bras de l'Hymen tous les agrémens & la vivacité de l'Amour.

LA HOLLANDOISE.

Oh! Nous n'entendre rien à tous les jolis petits

fotifes des amoureux des autres Nations. Nous commencer d'abord par l'époufement, & nous faire après connoiffance.

HEBE'.

C'eft-à-dire, que votre amour commence où finit celui des autres.

LE HOLLANDOIS.

Sans doute. Moi, par exemple, avoir époufé mon femme par Lettre de change.

HEBE'.

Comment cela ?

LE HOLLANDOIS.

Un jour mon correfpondant de Batavia, envoyer à moi pléfiéres Marchandifes, & moi trouver fon fille dans la facture.

HEBE'.

Dans la facture ?

LE HOLLANDOIS.

Oui, parblé. L'y avoit : *item j'envoye à vous, Monfié, un fille bien conditionnée, pour en faire votre femme.*

AIR. J'apporte une Plume.

> *Dans votre famille*
> *Point manquer d'enfans,*
> *Car ce jeune fille*
> *N'avoir que trente ans ;*
> *Elle eft bonne, groffe, forte,*
> *Vous ferez content ;*
> *Mais le meilleur c'eft qu'elle apporte*
> *De l'argent comptant.*

HEBE'.

Et vous l'avez époufé à lettre vûë ?

OPERA COMIQUE.
LE HOLLANDOIS.

A lettre vûë.

HEBE'.

Sans chercher auparavant à lui plaire ?

LE HOLLANDOIS.

AIR. *Margot sur la brune.*
Moi n'a point l'adresse
De charmer mon Maitresse
En parlant trendresse,
En faisant le galant
L'or que je donne,
Pour moi raisonne,
De mon personne
Fait l'agrément :
On y être aimé pour son largent

HEBE'.

A ce que je voi, l'Amour n'est chez vous qu'un affaire d'interest ?

LA HOLLANDOISE.

Pardonne-moi. L'Amour lietre chez nous la foûtien de la Républiqne, autant que le lien du Commerce.

LE HOLLANDOIS.

AIR. *Margot la Ravaudeuse.*
Moi l'époufer, Mondame,
Pour avoir un enfant,
Et mon petite femme
M'aime si grandement,
Que pour prouver son flâme,
Au bout de huit mois
Li m'en donnir trois.

HEBE'.

Voilà une grande preuve de tendresse.

LA HOLLANDOISE.

Oh! Nous aller d'abord au folide. C'eft-là ce qui s'appelle du véritable amour, & non ces douceurs vaines, ces amufemens inutiles qui font perdre le tems aux autres peuples.

AIR. *Hom, hom. Encore vit-on.*

A l'amour tout cela doit nuire,
Où peut conduire
L'excès de ces foins familiers?
Il faut produire
Des heritiers,
De peur que la race ne ceffe,
J'en ai, Déeffe,
Bien environ un quarteron.
Hom, hom. Encore vit-on

LE HOLLANDOIS.

Moi avoir un Manufacture d'étofes pour mon commerce avec un Manufacture de Sujets pour la République, & mon femme feconder moi également dans l'in & dans l'autre.

HEBE'.

C'eft un tréfor.

LE HOLLANDOIS.

Auffi, nous vivre tous deux dans un grand union.

LA HOLLANDOISE.

Jamais de débat entre nous, mon mari ne me dire jamais le moindre mot.

LE HOLLANDOIS.

Depuis que nous lietre enfemble, moi ne lui avoir feulement pas dit : Comment vous porte toi, mon femme ?

HEBE'.

Tout cela eft fort bien ; mais ce n'eft pas affez pour remporter le Prix.

Que faut-il donc ?

HEBE'.

Une convenance dans les cœurs plûtôt que
dans les biens ; une sympathie étroite , & tous
ces petits soins que vous méprisez , & sans lesquels
l'Amour ne subsiste point.

AIR. *Pierre Bagnolet.*

Vous n'ignorez de quelle espece
Est un amour tendre & parfait ;
Il y a de la délicatesse ,

LE HOLLANDOIS.

Oh ! ce n'estre point là son fait.

HEBE'.

Les François raisonnent plus juste ,
Chez eux l'amour est délicat ,

LA HOLLANDOISE.

Si délicat ,
Qu'un rien l'abat :
Chez nous plus fort & plus robuste ,
Lietre toûjours en même état.
AIR. *Nous sommes Précepteurs d'Amour.*
Sans jamais pousser de soupirs ,
Ni dire de fadaises vaines ,
Si nous goûter peu ses plaisirs ,
Nous n'éprouver jamais ses peines.

HEBE'.

Et ce font les peines mêmes qui font valoir ses
charmes.

AIR. *Maître Blaise.* ou *Noirs orages.*

Quand l'orage ,
Sur l'Onde exerce sa rage ;

Les flots jaloux ,
Les vents en couroux ,
Nous repouſſent loin du rivage;
Mais après ce ravage ,
Un vent doux
Rend le calme & nous encourage ,
On ſuit ſon cours ,
C'eſt l'image de nos amours
Soupçon , dépit ,
Tout s'aſſoupit ,
A de triſtes ſoupirs
Succedent les plaiſirs.

Je ne puis vous adjuger le Prix , votre union n'eſt qu'un trafic, vous n'avez jamais connu l'Amour.

LE HOLLANDOIS.

Hé bien , nous ne vouloir pas le connoître davantage , notre Commerce en aller beaucoup plé mieux. Bonjour Mamſelle.

SCENE III.

HEBE', UN ASIATIQUE, UNE GEORGIENNE, Eſclaves ſuivantes

HEBE'.

J'Aperçois un Aſiatique ſuivi de ſes femmes, Que demandez-vous, Seigneur ?

L'ASIATIQUE.

Air. *Vivir, vivir grand Sultana.*
Je veux le Prix de Cythere ,

HEBE'.

Sur quoi fondez-vous vos prétentions ?

L'ASIATIQUE.

A I R. *Des Boſtangis de l'Europe galante.*

Bien mieux qu'en ſe ſéjour,
Dans les Sérails d'Aſie,
Régne le charmant amour.
Une foule choiſie
D'objets plus beaux que le jour,
Y compoſe ſa Cour.
C'eſt-là que ſous ſes loix
On fait un libre choix.
Tout s'enflâme à ma voix :
Des belles l'heureux eſclavage,
Maintient mes droits.
Là, de ſa liberté,
Le Sexe eſt peu tenté.
Quel bien plus doux l'en dédommage ?
La volupté.

A I R. *Dormez-vous ! Quoi le ſommeil même à table ?*

Tous mes vœux
Sont comblés quand je ſoupire.
Sans martire
Je ſuis amoureux.
Vingt beautés que toûjours j'admire,
Ont l'art de ſuffire
A mes feux.
Par leurs yeux
Le doux plaiſir qui m'inſpire,
Doucement m'attire
Dans ſes nœuds.
Tous leurs cœurs ſont ſous mon empire,
En un mot, pour être heureux,
Je n'ai qu'à dire :
Je le veux.

HEBE'.

Ce n'eſt pas aſſez d'être heureux, il faut que

LE PRIX DE CYTHERE

l'objet de notre paſſion jouiſſe de la même fé-
licité.

L'ASIATIQUE.

Toutes mes Eſclaves partagent mon bonheur
& mes bienfaits. Conſtant au ſein de l'inconſtan-
ce, mon imagination vagabonde va , revient ,
s'arrête & parcourt le cercle enchanteur des beautés qui m'environnent : toutes, ſe diſputent l'heureux avantage de me plaire ; & leur émulation
m'offre, ſans ceſſe, des charmes renaiſſans qui
renouvellent mes deſirs.

A I R. *Ah ! que je me laſſe d'être d'un Procureur le valet.*

> Un bon Jardinier arroſe
> Avec ſoin , ſoir & matin ;
> Le parterre de ſon jardin ;
> Il fait éclore la roſe,
> Il rame le jaſſemin ;
> Il élague l'œillet, le thym ;
> Moi, d'une ardeur auſſi vive ;
> Toutes les fleurs je cultive
> Dans mon joli joliet,
> Toutes les fleurs je cultive
> Dans mon joli Jardinet.

HEBE'.

Vous avez de l'occupation.

A I R. *Vous qui vous moquez par vos ris.*

> Mais la vingtiéme part d'un cœur
> Eſt bien peu, je vous jure,
> Et de cette injuſte rigueur,
> L'Amour je crois murmure,
> Le pauvre enfant tombe en langueur
> Faute de nourriture.

L'ASIATIQUE.

Ah ! Perſonne n'aime avec autant d'excès que
moi.

HEBE'.

Quelle en eſt la preuve?

L'ASIATIQUE.

Ma jalouſie. Mes eſclaves me ſont ſi cheres, que je n'épargne rien pour me les conſerver : je préfererois le trépas à leur perte-

HEBE'.

C'eſt quelque choſe.

L'ASIATIQUE.

Ce n'eſt pas tout.

AIR. *Dormir eſt un tems perdu.*

Je les eſtime ſi fort,
Ma flâme eſt ſi vive,
Que quand l'implacable ſort
Ne voudra plus que je vive,
J'ordonne tant j'ai d'amour,
Que chacune en même jour
Dans le tombeau me ſuive.

HEBE'.

Oh! Ceci eſt de trop. Qu'en penſe ces belles?

LA GEORGIENE·

Je répondrai avec la permiſſion du Souverain Seigneur de mes penſées, qu'il eſt le maître de ſes eſclaves ; nous ſommes ſon bien, c'eſt à lui d'en diſpoſer.

HEBE'·

Cette ſoûmiſſion eſt-elle bien ſincere ? N'enviez vous point la douce liberté des Européennes?

LA GEORGIENE.

Nullement. Je ſuis Georgiene, eſclave née des plaiſirs d'un maître : je ne déſire point un bien dont j'ignore les douceurs.

HEBE'.

J'ai peine à vous croire.

LA GEORGIENE.

Une petite Fable peut vous convaincre.
Voyons.

LE SERIN ET LE MOINEAU,

FABLE.

LA GEORGIENE.

Dans les beaux jours de l'Eté,
Un petit Moineau volage,
Tout boufi de vanité,
Infultoit à l'efclavage
D'un Serin né dans la cage.
    Oh ! charmante liberté !
Difoit-il en fon ramage,
Au fein des airs je voyage ;
Je dors couvert d'un feüillage ;
Je folâtre fous l'ombrage ;
Là, fur des grains je fourage ;
Ici, je trouve un rivage,
Où fur un fable argenté,
L'eau coule en fa pureté ;
J'y bois avec volupté.
Après un grand étalage
Il va d'un autre côté,
Le Serin en oifeau fage,
Ne l'avoit pas écouté.
L'Hyver tout change de face ;
La beauté des Cieux s'efface :
Rien dans les Champs ; l'eau fe glace ;
Aux Oifeaux on fait la chaffe :
Le Moineau revint enfin,
Tranci, demi mort de faim ;

Prier

Prier qu'on lui donne place
   Dans la cage du Serin,
   En tout tems pleine de grain.
Le Serin à son tour le fronde,
Et lui dit avec équité :
Genti moineau qui court le monde ,
Tu reviens bien gras de ta ronde ;
Voi, par ce qu'il t'en a coûté,
Qu'une liberté vagabonde ,
Vaut beaucoup moins , tout bien compté ,
Qu'une douce captivité.

L'ASIATIQUE.

Que dites-vous à cela , Déesse ?

HEBE'.

Qu'il n'est point d'heureux esclave s'il n'est volontaire , & si l'Amour n'en fait les charmes.

L'ASIATIQUE *à la Georgiene.*

Continuez , fleur de beauté , à justifier des sentimens qui vous rendent dignes du Prix de Cythere , aussi-bien que moi.

LA GEORGIENE.

Je ne le desire , Seigneur , que pour vous en faire hommage.

HEBE'.

AIR. *Quand le péril est agréable.*

Ses sentimens sont donc les vôtres ?
Et vous l'aimez beaucoup ?

LA GEORGIENE.

Hélas !
Pourquoi ne l'aimerois-je pas ?
J'en ai bien aimé d'autres.

HEBE'.

Ah ah! Que dites-vous à cela , Seigneur patron ?

L'ASIATIQUE.

Que tous les différens maîtres qui l'ont posse-
dée devoient jouir des mêmes priviléges.

LA GEORGIENE.

Je me suis toujours fait gloire d'une entiere
soumission à leurs ordres.

HEBE'.

Et vous croyez par-là mériter le Prix ?

LA GEORGIENE.

Sans doute. N'est-ce pas une vertu de sçavoir
commander à son cœur, de surmonter souvent ses
dégoûts en faveur de celui qui nous achete ? car
tous les hommes ont les mêmes droits sur notre
amour ; naissons-nous plûtôt pour l'un que pour
l'autre ?

HEBE'.

AIR. *Monsieur, en vérité.*

Si quelque Patron inconnu
De vous faisant emplette,
Vous disoit d'un air ingénu :
Je t'aime, ma poulette ;
Accorde-moi ton petit cœur.

LA GEORGIENE.

Je répondrois d'un air honnête ;
M'y voilà prête ;
En vérité, Seigneur,
Vous me faites bien de l'honneur.

HEBE'.

AIR. *Tout cela m'est indifférent.*

S'il vous disoit, après cela :
Prouve-moi ce que tu dis là.
Que répondriez-vous, ma chere ?

LA GEORGIENE.

Refrain.

Tout comme il vous plaira,
Larira,
Tout comme il vous plaira.

HEBE'.

Air. *Tâtez-en, tourlourirette.*

Et puis, si son ardeur gourmande,
Vouloit une prenve trop grande;
Qu'un baiser lui fit apétit?
A cela, qu'auriez-vous à dire?

LA GEORGIENE.

Air. *Très-volontiers, fort volontiers.*

Très-volontiers, fort volontiers, beau sire;
Je suis à vous,
Cela m'est doux;
Votre ordre doit suffire.

HEBE'.

Air. *Ma mere étoit bien obligeante.*

Vous êtes par trop obligeante;
Je crois qu'on ne peut l'être plus.

LA GEORGIENE.

Air. *Le Confiteor.*

Les attraits qui nous sont donnés
Ne sont pas faits pour notre usage;
Aux hommes ils sont destinés.
A la nature on fait outrage
En s'opposant à leurs desirs,
Lorsque l'on naît pour leurs plaisirs.

HEBE'.

Qu'osez-vous dire? De pareils sentimens dé-
gradent la beauté, & doivent révolter une ame

délicate ; le Sexe eſt né libre & ſon cœur eſt moins un tribut qu'une récompenſe.

A I R. *Tu m'as juré foi d'honnête homme.*

Sexe charmant , dont le partage
Eſt de régner ſur tous les Rois,
Connoiſſez mieux votre avantage ,
Et jouiſſez de tous vos droits.
Quand vous devez donner des loix ,
Vous rendez un ſervile hommage :
Souveraines de l'Univers
Eſt-ce à vous de porter des fers ?

L'ASIATIQUE.

Vous pouviez vous paſſer de lui donner un ſemblable conſeil.

HEBE'.

Apprenez comme on aime en Europe.

A I R. *Nous jouiſſons dans nos Hameaux d'une douceur parfaite.*

Savoir contraindre ſes deſirs
  Pour nous c'eſt une gloire.
Un tendre amant par des ſoupirs
  Achette ſa victoire :
C'eſt le cœur ſeul qui fait ſentir
  Un bien . . . . un bien ſuprême !
La douce attente du plaiſir
  Vaut tout le plaiſir même.

LA GEORGIENE.

Oh ! je vous avoue que l'on ne connoît point en Aſie une pareille vertu ; mais je ſoupçonne que nous ſommes de meilleure foi.

A I R. *Le tout par nature.*

Mettre la contrainte à part ,
En nous ſeroit-ce un écart ?

Vos amans pétris de fard
Nourriſſent l'impoſture :
Chez eux l'amour eſt un art,
Chez nous c'eſt la nature.

HEBE'.

Vous avez beau dire, je ne puis vous juger que ſur les uſages de Cythere : les vôtres y ſont trop oppoſés. Voici comme je penſe à l'égard de vous deux : Seigneur, votre paſſion jalouſe & deſpotique, effarouche l'Amour ; & vous, belle eſclave, votre ſoumiſſion s'avilit. Réformez-vous l'un & l'autre.

L'ASIATIQUE.

J'y perdrois trop. Adieu, Déeſſe.

SCENE IV.

HEBE', UN ESPAGNOL.

HEBE'.

AH ! voici le contraſte, un Eſpagnol.

L'ESPAGNOL.

AIR. *Folies d'Eſpagne.*

Charmante Hebé, ſi l'amour, la conſtance,
Accompagnés des ſoins les plus ſoumis,
En ce grand jour obtiennent récompenſe,
Qui mieux que moi doit ſe flatter du Prix ?

HEBE'.

Il faut me détailler vos droits.

L'ESPAGNOL.

Air. *La liberté d'elle-même est charmante.*

J'ai de tout tems surpassé les modéles,
Des cœurs fidéles,
Tendres, constans,
Sans jamais la traiter de cruelle :
Sous le balcon de ma chere Isabelle
J'ai soupiré pendant vingt ans.

HEBE'.

Voilà une constance à l'épreuve ; mais ce n'est pas un titre suffisant que d'avoir vieilli sous les fenêtres de sa maîtresse ; il faut en Amour quelque chose de plus que la spéculation.

L'ESPAGNOL.

Air. *C'est ce qui vous enrhume.*

Oh, pour m'introduire dans la maison,
J'assiége sa porte en toute saison,
Au serein, à la brune,
Pleurant mes ennuis,
J'y passe les nuits,

HEBE'.

C'est ce qui vous enrhume.

La fortune ne vous a-t-elle jamais offert l'occasion de converser de plein pied avec votre maîtresse ?

L'ESPAGNOL.

Pardonnez-moi, & je dois pour ma gloire vous faire part de mon avanture.

HEBE'.

Oh ! voyons, voyons.

L'ESPAGNOL.

Je suis entreprenant de mon naturel.

HEBE'.

Hé bien !

L'ESPAGNOL.

A i r. *La nuit dans les bras du repos.*

En faisant ma ronde, une nuit,
Je vois sa porte à demi close ;
J'entre & parviens jusqu'au réduit
Où mon inhumaine repose ;
D'un courage sans pareil,
A tout hazard je m'expose ;
Elle goûtoit le sommeil,
Et j'attens en paix son réveil.

HEBE'.

Ah, vous joignez la prudence au courage !

L'ESPAGNOL.

A i r. *Il faut l'envoyer à l'école.*

Frappé de son divin aspect,
Je la pris pour une Déesse,
Ma tendresse,
Fit aussi-tôt place au respect ;

HEBE'.

Mais un baiser du moins se volle ?

L'ESPAGNOL.

J'aurois commis un attentat.

HEBE' *à part.*

Oh, le fat !
Il faut l'envoyer à l'école.

(haut.)
Votre Déesse fit-elle long-tems durer l'extase ?

L'ESPAGNOL.

Ah, je l'aurois souhaité. Qu'Isabelle me pa-
roissoit charmante !

A i r. *Joconde nouveau.*

Hélas! mes regards curieux
Avoient pleine franchife;
Elle ouvre enfin fur moi les yeux,
Mais quelle eft fa furprife!
Le cœur faifi d'étonnement,
Cette beauté févere,
N'a pas la force feulement
D'exprimer fa colere.

HEBE'.

Comment en agîtes-vous avec une colere de cette efpece?

L'ESPAGNOL.

En téméraire. Ifabelle ne s'apperçoit pas que la furprife où elle eft, m'offre fes charmes dans un état qui rappelle toute la vivacité de mon amour.

A i r. *Cher Alain! quel fujet nous agite.*
12e. *Air noté de la Chercheufe d'Efprit.*

J'oublie à l'inftant les égards,
Et mon ardeur accroît fon trouble.
Trop animé par fes regards,
Mon audace à l'inftant redouble;
J'embraffe & preffe fes genoux,
En lui difant: fouffrez, ma chere,
Souffrez en ces momens fi doux,
Que je vous jure un refpect fincere.

HEBE'.

Quelle témérité. Eh! comment prit-elle la chofe?

L'ESPAGNOL.

A cette proteftation accompagnée d'une action auffi hardie, elle retombe demi-pâmée de cour-roux & de faififfement.

HEBE'.

Elle a dû vous fçavoir bon gré de votre modération.

L'ESPAGNOL.

C'eſt tout le contraire ; bien loin de rendre juſtice à la nobleſſe de mon procedé, elle ſort de ſa létargie pour ſe livrer à toute ſa colere en me voyant gagner l'eſcalier.

AIR. *Du haut en bas.*

Elle s'emporte, elle me traite
Du haut en bas ;
A peine étois-je au premier pas,
Que pour mieux hâter ma retraite,
Elle accourt, me pouſſe & me jette
Du haut en bas.

HEBE'.

Voilà une fille bien indifférente !

L'ESPAGNOL.

Depuis ce tems elle n'ouvre plus ſes jalouſies pour écouter mes plaintes amoureuſes.

HEBE'.

Quelle ingratitude !

L'ESPAGNOL.

Mais il me reſte une reſſource.

AIR. *Tarare ponpon.*

Je puis, ſi j'ai le Prix, toucher ſon cœur barbare ;
Je puis, ſi j'ai le Prix,
Surmonter ſes mépris ;
Alors de ma Guitare,
Le tendre & joli ſon
L'adoucira,

HEBE'.

Tarare!
Pon pon.

Il eſt tems de vous déſabuſer, mon cher. Le Prix n'eſt pas pour vous.

L'ESPAGNOL.

Comment! Un Amant qui ſait retenir la bride à ſes deſirs par excès d'amour; conſtant malgré les rigueurs, & dont les égards....

HEBE'.

Tout cela vous nuit.

A I R. *Pour bien peindre une femme.*

Le trop d'égards nous glace
Et d'un tems précieux,
Tout autre à votre place,
Eût profité bien mieux;
Un amant ennuyeux
De notre cœur s'efface;
Sçachez, amant tranci,
Qu'ici,
Un timide reſpect,
Suſpect,
Fâche plus que l'audace.

L'ESPAGNOL

Mais....

HEBE'.

Il ſuffit, je m'y connois, j'ai prononcé.

A I R. *Je ſommeille.*

Quand l'Eſpagnol, plaintif amant,
Soupire & pleure ſon tourment,
On ſommeille.
J'aime mieux un François actif,
Quoique ſouvent un peut trop vif;
Cela réveille.

SCENE V.

HEBE', UN FRANÇOIS, UNE FRANÇOISE.

LE FRANÇOIS.

SErviteur , Déesse , nous sommes François ,
vous le voyez , qu'on nous donne le Prix.
HEBE'.
Il faut subir un petit examen.
LA FRANÇOISE.

AIR. *Il n'est point au Jardin d'Amour de rose*
sans épine.

> Mille amans , en ce séjour ,
> Pour ce Prix , beauté divine ,
> Viendroient en vain tour à tour.
> Nous brillons dans cette Cour ;
> C'est à nous qu'on le destine.
> Chaque jour ,
> Toureloure-lour ,
> Tourelour-tontine ,
> Nous cueillons au Jardin d'Amour
> La rose sans épine.

HEBE'.

AIR. *Ce n'est qu'en France.*

> Pour obtenir un Prix si doux ,
> Quels titres brillans avez-vous ?

LE FRAFÇOIS.

L'agréable & vive inconstance.

LA FRANÇOISE.

Où trouver l'Amour sans chagrin,
Toujours content, toujours badin,
Ce n'est qu'en France.

LE FRANÇOIS.

Chez nous l'Amour n'est jamais une passion ; mais un arrangement dont le plaisir est le principe, le lien & l'objet.

LA FRANÇOISE.

Chez nous la déclaration est douce, l'épreuve courte, les plaisirs vifs, la fin tranquille.

LE FRANÇOIS.

J'aime aujourd'hui Madame, elle m'idolâtre ; demain, nous nous quitterons sans jalousie, sans dépit, sans éclaircissement.

HEBE'.

Voilà une maniere d'aimer fort commode.

LA FRANÇOISE.

AIR. *Jeune Etranger, veux-tu sçavoir*
Des Fétes Vénitiennes.

De l'empire du Dieu des cœurs,
Nous avons aplani la route ;
On est heureux sans qu'il en coûte ,
Constance, soins, soupirs & pleurs :
Langueurs,
Douleurs,
Douceurs,
Fadeurs.

LE FRANÇOIS.

On ne peut nous refuser le Prix sans ingratitude.

LA FRANÇOISE.

MENUETS DE M. DE ROCHET.

Quelle douceur dans mon cœur.

PREMIER MENUET.

Par mes exploits,
A la fois,
Je soumets mille Amans sous mes loix;
Du Dieu d'Amour,
Chaque jour
J'augmente la Cour :
Il m'en coûte en détail,
Un coup d'éventail,
Un tendre regard,
Un souris mignard,
Chacun a sa part,
Et tous sont dupes de mon art.

IIe. MENUET.

J'attends du fils de Cypris,
Le Prix ;
J'ai vaincu jusqu'au jourd'hui,
Pour lui,
Et je cours avec ardeur
De victoire en victoire,
Sans livrer mon cœur.

HEBE'.

Il est moins doux de charmer
Que d'aimer.

LA FRANÇOISE.

J'y trouve plus de gloire;
J'aime, mais d'un feu léger;
Et de trop m'engager
J'évite le danger.

IIIe. MENUET.

L'Amour a des aifles en partage,
Pour voler de plaifirs en plaifirs;
Le volage,
En oifeau de paffage,
Suit les zéphirs,
Le badinage,
Remplit fes loifirs,
Suffit à fes defirs.
L'Amour a des aifles en partage,
Pour voler de plaifirs en plaifirs.

HEBE'.

Oubliez-vous que la fidélité.....

LE FRANÇOIS.

Oh parbleu, la fidélité auffi-bien que la jalou-
fie eft un monftre étranger que nous ne connoif-
fons point.

LA FRANÇOISE.

AIR. *Je meurs d'amour, hé bien tampis.*
3e. *Air noté de la Chercheufe d'Efprit.*

On dépeint l'Amour dans l'enfance;
Il en a toute l'inconftance :
Auffi-tôt qu'il voit un bijou,
Jou jou.
Pour l'obtenir il pleure, il preffe :
Par fes cris redoublés, il fait fi bien qu'il l'a,
Ah ! Ah !
Mais d'abord il le laiffe,
Dès qu'il voit un autre Joyau,
Oh! Oh!
Ce dernier l'intereffe.
Oui, l'objet le plus beau
N'eft que le plus nouveau,
Nous le voyons dans ce tableau.

HEBE'.

Vous expliquez fort mal les attributs du charmant Dieu de Cythere.

A I R. *Je passe la nuit & le jour.*

Les aisles qu'on donne à l'Amour,
Nous marque sa vîtesse extrême
A suivre, à servir nuit & jour,
Avec ardeur l'objet qu'il aime :
Et si l'on le dépeint en enfant,
C'est qu'il doit aller en croissant,
En augmentant,
En grandissant.

LA FRANÇOISE,

Bon ! Il languit en vieillissant.

LE FRANÇOIS.

Tenez, entre nous , je crois qu'un Amant
constant n'est purement qu'un être de raison.

LA FRANÇOISE.

A I R. *Ton humeur est Catherine.*

L'Amour à nous vaincre est preste,
Mais la défaite d'un cœur
Lui devient souvent funeste ;
Il meurt dès qu'il est vainqueur :
Ainsi quand le Frelon blesse,
Il succombe à son effort ;
Son aiguillon qu'il nous laisse,
Est la cause de sa mort.

LE FRANÇOIS.

Triolet.

L'honneur de passer pour constant,
Ne vaut pas la peine de l'être.
Doit-on briguer sincerement
L'honneur de passer pour constant ,

Près de l'objet le plus charmant ?
C'est bien assez de le paroître,
L'honneur de passer pour constant
Ne vaut pas la peine de l'être.

LA FRANÇOISE.

Airs notés à la fin. Ier. *Air.*

Ainsi qu'une Hyrondelle,
Par cent détours nouveaux,
Frise du bout de l'aisle
La surface des eaux ;
Je voltige où m'entraîne
Un inconstant desir.
Sans connoître la gêne,
J'effleure le plaisir.

HEBÉ.

Vous aurez peine à faire goûter ici votre système ; il faut qu'une ardeur mutuelle ait pour but une union solide.

LA FRANÇOISE.

Ah Ciel ! Que dites-vous-là. Voudriez-vous insinuer le mariage ?

HEBÉ.

Pourquoi non ?

LE FRANÇOIS.

L'Hymen & l'Amour sont les deux extrêmes : tout le monde sait cela.

LA FRANÇOISE.

Nous en avons mille preuves dans la nature.

Airs notés. IIe. *Air.*

Le Rossignol qui fait l'amour,
Toujours chante.
Sa voix touchante,
Sur tous les tons, séduit, enchante,
Fredonne nuit & jour,

Mais

Mais au bout d'un mois, quel dommage !
Adieu tous ces accens gentils ;
bis. { Il cesse son tendre ramage,
{ Si-tôt qu'il a vû ses Petits.

LE FRANÇOIS.

Tout cela justifie assez notre façon de penser ;
& vous n'hesitez plus, sans doute, à nous juger
dignes du prix ?

HEBE'.

C'est ce qui vous trompe. Il n'y a point de véritable amour sans constance ; & vous n'êtes point
amoureux.

AIR. *Une faveur, Lisette.*

Notre Prix ne se donne
Qu'à la sincerité.
Votre amour, ma mignone,
N'est rien que vanité,
Et cet amant folâtre
En servant vos appas,
Soi-même s'idolâtre,
Non, non, vous n'aimez pas.

LE FRANÇOIS.

J'appelle d'un pareil jugement.

LA FRANÇOISE.

Je voudrois bien sçavoir à qui vous reservez le
prix ? Ah ah ! Est-ce à ces figures qui se présen-
tent ?

HEBE'.

Il faut les examiner.   Ce sont des Sauvages.

C

SCENE VI.

HEBE', LE FRANÇOIS, LA FRANÇOISE, UN SAUVAGE, UNE SAUVAGESSE.

HEBE' *aux Sauvages.*

NE fuyez pas. Prétendez-vous au Prix, mes enfans ?

LE SAUVAGE.

Ma chere Aurore peut le remporter.

AIR. *Je suis un croustilleux Chasseur.*

Je ne viens que pour me former ;
Car mon ignorance est profonde....

HEBE'.

Qui sçait plaire, qui sçait aimer,
A tout l'esprit du monde.

LA SAUVAGESSE.

Mon cher Itis, toi seul mérites le Prix, c'est à toi de prendre, pour modele, l'Amante qui le remportera, afin de t'aimer autant que tu es digne de l'être.

LE SAUVAGE & *la* SAUVAGESSE *ensemble.*

Duo d'Issé. C'est moi qui vous aime.
C'est moi, moi, qui t'aime le moins tendrement.

LA FRANÇOISE.

Ha, ha, ha ! Les droles d'Amoureux. Ils pren-nent le contrepied de l'Opera !

LE FRANÇOIS.
Voilà un Amour bien sauvage.
LA SAUVAGESSE.
Ne cherche pas à aimer davantage , Itis ; ne m'aime-tu pas de tout ton cœur ?
LE SAUVAGE.

AIR. *Prends , mon Iris , prends ton verre.*
Oui , je t'aime, je t'adore ;
Eſt-ce aſſez de tout mon feu ?
Tu mérites plus , Aurore,
J'en dois faire ici l'aveu.   (FIN.)
Mais l'amour, l'amour lui-même,
Dont l'ardeur doit être extrême,
T'aimeroit encore trop peu.
Oui , je t'aime, &c.

LA FRANÇOISE.
Comment donc ? Il n'a pas tant de tort.
LE FRANÇOIS *examinant la Sauvageſſe.*
La friponne eſt jolie !
HEBE'.
(*à la Sauvageſſe.*)
Interrogeons les. Belle Aurore , pourquoi aimez vous Itis ?
LA SAUVAGESSE.
Parce qu'il eſt aimable.
HEBE' *au Sauvage.*
Et toi , pourquoi l'aime-tu ?
LE SAUVAGE *montrant Aurore.*
Regardez la.
HEBE'.
AIR. *Nous autres bons Villageois.*
Mais , en faiſant un tel choix ,
N'as-tu point cherché la naiſſance ?
C ij

LE SAUVAGE.

On naît égaux dans nos Bois.

HEBE'.

N'as tu point cherché l'opulence ?

LE SAUVAGE.

Nos cœurs en formant leur lien,
Ne connoissent ni tien, ni mien ;
La nature est tout notre bien.
Elle ne nous refuse rien.

HEBE'.

AIR. *Il étoit un Moine blanc.*

Aurore a de la beauté.
L'aime-tu par vanité ?

LE SAUVAGE.

Je l'aime pour elle-même ;

LA SAUVAGESSE.

J'aime Itis aussi de même.

LE SAUVAGE.

AIR. *Cela m'est égal.*   3e. *Air noté.*

Lui plaire est mon principal ;
Et quoique son choix m'honore,
M'en vanter seroit fort mal :
Content d'être aimé d'Aurore,
Qu'on le sçache ou qu'on l'ignore,
          Cela m'est égal.

LA FRANÇOISE.

J'avoue qu'on doit être flatté d'un pareil hommage.

LE FRANÇOIS *à la Françoise.*

Madame, permettez-moi de déranger un peu leur petite inclination.

LA FRANÇOISE.

J'y penſois. Déeſſe, nous allons vous montrer un échantillon de notre pouvoir.

HEBE'.

Je ne m'y oppoſe point.

LE FRANÇOIS *à la Sauvageſſe.*

Venez-ça, la belle enfant : on a des deſſeins ſur votre perſonne.

LA FRANÇOISE *au Sauvage.*

Beau garçon, regardez-moi : on vous veut du bien.

LA SAUVAGESSE.

Mon cher Itis.

LE SAUVAGE.

Ma petite Aurore.

LE FRANÇOIS.

Ils ne nous écoutent pas.

LA FRANÇOISE.

Ils ſe careſſent, ſans daigner nous répondre.

AIR. *Des voyages de l'Amour.*   4e. *Air noté.*

(*au Sauvage.*)
En m'aimant
Tu goûteras un ſort charmant:
Et j'offre à tes déſirs
L'opulence & les plaiſirs.

LE SAUVAGE.

Offrez plus encore.
De l'amour de ma chere Aurore,
Quel tréſor plein d'attraits,
Me dédommageroit jamais ?

HEBE' *aux François.*

Vos efforts
Ne rendent leurs nœuds que plus forts.

Vous ajoûtez un prix
Aux feux d'Aurore & d'Ytis.

LE FRANÇOIS *à la Sauvagesse.*

Vien fixer un Marquis ;
Vois ces yeux attendris,
Ce souris ;
Ton cœur n'est point épris?
De tes mépris
Ma foi je suis surpris.

LA SAUVAGESSE *au François.*

Dans nos bois
Nous ne faisons jamais qu'un choix ;
Le don d'un cœur léger
Ne feroit que t'outrager.

LA FRANÇOISE.

Rien n'égale mon dépit , je sacrifierois volontiers toutes mes conquêtes pour être aimée de ce
petit homme.

LE FRANÇOIS.

Je suis piqué , il n'en faut pas davantage pour
me rendre constant.

LE SAUVAGE.

Si l'on ne peut être digne du Prix qu'en faisant
une infidélité nous retournons dans nos Forêts.

HEBE'.

Demeurez , demeurez.

AIR. *Le charmant Berger que j'aime.*

Ce beau séjour a de quoi plaire,
A Cythere restez tous deux.

LE SAUVAGE & la SAUVAGESSE.

Non , je trouve par tout Cythere,
Où je vois l'objet de mes feux.

HEBE'.

Vous avez enfin l'avantage ;
Je dois vous donner mon suffrage,
Belle Aurore , amoureux Ytis ,
Vous méritez tous deux le Prix.

LE SAUVAGE.

Lorsque l'on s'aime avec tendresse ,
Rien de plus ne sçauroit flatter.

LA SAUVAGESSE.

Qu'a-t-on besoin du Prix , Déesse ,
C'est assez de le mériter.

HEBE'.

Vous ignorez apparemment l'un & l'autre , la
récompense qui vous attend.

AIRS *notés*.   5e. *Air*.

Ytis tes feux ont la victoire ,
Vénus va te combler de gloire ;
Trois de ses baisers te sont dûs.

LE SAUVAGE.

Pour rendre mon bonheur suprême ,
Troquons les baisers de Vénus ,
Contre un seul de l'objet que j'aime.

HEBE'.

Aurore ne sera pas si difficile , l'Amour lui re-
serve le don de plaire universellement.

LA SAUVAGESSE.

Oh , qu'il garde son present pour une autre.

HEBE'.

AIR. *Non je ne ferai pas , &c.*

Eh quoi vous refusez un bien si désirable ?

LA SAUVAGESSE.

Ce n'est qu'aux yeux d'Ytis que je veux être aimable ;

HEBE'.

Vous verrez tous les cœurs foumis à votre loi,

LA SAUVAGESSE.

Le cœur de mon amant eſt l'univers pour moi.

LE FRANÇOIS

Madame, l'amour naïf l'emporte ſur le nôtre.

LA FRANÇOISE

Il faut s'en conſoler, & nous dédommager à force de conquêtes; dépeuplons Cythere d'A-mans fidéles. Suivez-moi.

SCENE DERNIERE.

HEBE', L'AMOUR, LE SAUVAGE, LA SAUVAGESSE.

HEBE'.

AMour, voilà les ſeuls Amans que vous devez récompenſer; mais ils refuſent le Prix.

L'AMOUR.

Ils en ſeroient indignes s'ils l'avoient accepté, j'ai pris ſoin moi-même de les inſpirer.

AIR. *Du Cap de Bonne Eſperance.*

Des ardeurs toûjours nouvelles
Rendront leurs jours fortunés.
Que ces Amans pour modeles,
A Cythere ſoient donnés.
Que les Graces les couronnent;
Que les Jeux les environnent,
Venez, venez jeunes cœurs,
Reconnoître vos vainqueurs.

Fin de l'Opera Comique.

DIVERTISSEMENT.

AIR chanté par la SAUVAGESSE.

VIEN, doux Vainqueur ;
Dieu de Cythere épuise tous tes traits
Sur mon cœur !
Tu ne pourras jamais
Augmenter mon ardeur.   (*Fin.*)

Que j'aime mon cher amant !
Ah, qu'il me paroît charmant !
Oui, je l'aime autant qu'il m'aime,
Quel bonheur éclatant !
L'Amour constant
N'a pour prix que soi-même.

Vien, doux Vainqueur, &c. (*au mot fin.*)

Je me ris
Des biens de la fortune,
La Grandeur est importune ;
Je ne veux qu'Ytis,
Ses feux
Remplissent tous mes vœux.
Doux Vainqueur,
Dieu de Cythere, &c.   (*au mot fin.*)

AIR chanté par la FRANÇOISE.

L'Inconstance est un bien flateur,
Il faut voler, en amourette,
De fleurette en fleurette.   (*Fin.*)

L'Abeille légere & coquette

D

Ne compofe jamais fon miel plein de douceur,
Du butin d'une feule fleur ;
Du Lys à la Violette
Elle voltige avec ardeur.
L'Inconftance eft un bien flateur,
Il faut voler, en amourette,
De fleurette en fleurette.

Dans une riante Prairie
Fleurie,
Brille plus d'une couleur ;
Une Belle dans le jeune âge
Engage
A fa fuite plus d'un cœur.
L'Inconftance eft un bien flateur,
Il faut voler, en amourettte,
De fleurette en fleurette.

VAUDEVILLE.

HEBE'.

OUI fait bien aimer, fait nous plaire;
Un Sauvage a l'art néceffaire ;
Et c'eft lui qu'au galant Marquis
Je préfere :
Sans étude on obtient le Prix
De Cythere.

LA HOLLANDOISE.

Sans goûter li plaifirs folâtres
Dont François li font idolâtres,
Moi vais au but, & de vingt fils
Lieftre mere :
N'ai-je pas bien gagné fti Prix
De Cythere.

L'ASIATIQUE.

Vingt Beautés regnen fur mon ame,
A ma voix l'Amour les enflâme

DIVERTISSEMENT.

Au milieu des Jeux & des Ris :
Pour me plaire,
Toutes viennent m'offrir le Prix
De Cythere.

LA GEORGIENNE.

Chaque Amant a droit de me plaire ;
Sans jamais m'éprouver contraire ;
Je n'ai ni haine, ni mépris,
Ni colere :
Et j'accorde toûjours le Prix
De Cythere.

L'ESPAGNOL.

Vain respect, tu n'es qu'une injure ;
Je serai plus hardi, j'en jure ;
On est, quand on est bien épris,
Témeraire :
Je ne manquerai plus le Prix
De Cythere.

LA FRANÇOISE.

Tous mes jours sont des jours de Fêtes,
Chaque instant étend mes conquêtes ;
Dans tous les Cercles de Paris,
Je sai plaire :
N'est-ce pas obtenir le Prix
De Cythere.

LE FRANÇOIS.

Volupté douce & passagere
Je t'atteins d'une aîle légere,
Au milieu des Jeux & des Ris ;
Sans mystere
Je cueille à tout moment le Prix
De Cythere.

LE SAUVAGE.

On couronne, charmante Aurore,
Un amour que tu fis éclore ;
Sans toi peut-on bien être épris,
O ma chere !
C'est à toi que je dois le Prix
De Cythere.

LA SAUVAGESSE.

L'un à l'autre jamais contraire ,
Nous cherchons en tout à nous plaire ;
Le beau feu qui nous rend épris
    Eſt ſincere :
Notre amour eſt pour nous le Prix
    De Cythere.

Si tu ſers un objet ſévere ,
Tendre Amant , ſois ſoumis , eſpere ;
Pour triompher de ſes mépris ,
    Perſevere :
Un jour vient qu'on obtient le Prix
    De Cythere.

Appliquez-vous , beau Mouſquetaire ,
A bien aimer plûtôt qu'à plaire ;
Reſter fidéle à ſon Iris.
    Et ſe taire :
C'eſt ainſi qu'on obtient le Prix
    De Cythere.

Un Epoux Adjudicataire ,
De ſa Femme eſt Proprietaire ;
Mais quelqu'un de ſes bons amis ,
    Locataire ,
A ſon inſû cueille le Prix
    De Cythere.

Belle , dont le cœur mercénaire ,
Oſe abuſer du don de plaire ;
Qui met les faveurs de Cypris
    A l'enchere ,
N'a pas droit de prétendre au Prix
    De Cythere.

Le Public eſt juſte & ſévere ,
Ne travaillons que pour lui plaire ;
Profitons de tous ſes avis
    Pour mieux faire :
C'eſt ainſi qu'on obtient le Prix
    Du Parterre.
    F I N.

www.ingramcontent.com/pod-product-compliance
Lightning Source LLC
LaVergne TN
LVHW021156200726
843510LV00001B/390